내 평생에 주님과 동행하는 비밀

365일 감사 노트

캐롤(배찬미) 선교사 엮음

내 영혼아, 주님을 찬송하여라.

주님이 베푸신 모든 은혜를 잊지 말아라.

시편 103:2, 새번역

나의 _____ 번째 감사일기장

아바서원

캐롤 선교사의
3중 감사

- 매일 감사 : 하루에 세 가지 이상 기록한다.
- 추수 감사절 감사 : 자신의 나이만큼 각 분야별로 감사를 기록한다.
- 신년 감사 : 한 해를 돌아보며 하나님께 감사의 편지를 쓴다.

캐롤 선교사가 매일 기록한 감사노트

- 이 책에 사용된 글귀는 《인생의 사계절》(폴 투르니에 지음, 아바서원)에서 발췌되었습니다.

차례

저자서문	4
새해를 여는 신년 감사	6
1월	8
2월	15
3월	22
4월	29
5월	36
6월	43
7월	50
8월	57
9월	64
10월	71
11월	78
12월	85
추수감사절에 드리는 나이 감사	92

내 평생의 감사 일기

내가 감사노트를 언제부터 작성하기 시작했는지는 기억나지 않는다. 하지만 20년은 넘은 것 같다. 글을 쓰고 있는 이 순간에도, 나는 오늘 저녁에 기록할 감사 제목을 이미 마음에 그려 놓았다.

나는 저녁마다 그날그날의 감사 제목을 최소 세 가지씩 기록한다. 이 습관은 큰 일 뿐 아니라 작은 일까지도 날마다 감사할 수 있게 해준다. 매일 감사는 약 18년 전에 내가 속한 한국교회에서 한 부부 선교사가 파송될 때 그들을 도우면서 시작했다. 목사님의 부탁으로 그 아내에게 영어를 가르치던 중, 영어 공부를 겸해 날마다 감사할 것을 적어도 세 가지씩 영어로 작성하도록 권유했다. 그리고 그날 집에 돌아와서 "나도 영어로 세 가지씩 쓸 수 있겠다"는 생각이 들어 시작하게 된 것이다. 시간이 많지 않아도 세 가지만 쓰면 되니까 부담이 없다. 보통은 세 가지 이상 자세히 쓰곤 한다.

특별히 추수감사절에는 지난 일 년을 돌아보며 감사할 사항을 내 나이만큼 쓰곤 한다. 나는 한 해를 돌아보며 다음과 같이 감사할 사항을 기록한다. 처음 몇 가지는 기본적인 사항들이다. 예수 그리스도를 통한 아버지 하나님과의 관계, 나와 함께하시고 내 속에 계신 성령님, 나에게 주신 영어와 한국어로 된 하나님의 말씀(성경책) 등이다.

다음으로, 지난 일 년 동안 일어난 일들, 만난 사람들, 수행한 프로젝트들을 몇 가지 범주로 나누어 하나님께 감사드린다. 가령, 내가 맡은 북한을 위한 기도사역, 내가 다니는 교회와 교인들, 한국 친구들, 친구들과 함께한 시간, 주님이 친구들의 삶에서 행한 일들, 관람한 영화들, 읽은 책들, 새로운 친구들, 미국에 있는 가족과 친척, 친구와 교회, 일용할 양식을 비롯한 하나님의 공급, 하나님의 신실하심 등이다.

오래 전 내가 한국에 처음 왔을 때 한 해를 돌아보며 주님께 감사하는 편지를 일기장에 쓴 적이 있었다. 당시에는 신년 1월 1일에(또는 구정에) 쓰곤 했었는데, 시간이 흐르면서 그 내용이 추수감사절에 쓴 내용과 많이 겹쳐서 신년 감사 편지는 간단하게 작성한다.

11월이 되면 자연스럽게 한 해를 돌아보며 주님이 행하신 일들을 살펴보게 된다. 매년 지난 일 년을 돌아보며 감사할 사항을 기록하다보면 어느덧 하나님께 감사하는 마음이 넘친다. 참으로 어려운 해를 보냈다고 생각하면 주님이 어떻게 일하고 계셨는지를 숙고하고, 그럼에도 불구하고 또는 그렇기 때문에 감사할 내용을 찾게 된다.

나에게는 신실한 부모님이 계셨다. 어머니는 2013년에, 아버지는 2016년에 돌아가셨다. 당시에 나는 감사노트에 그런 어머니와 아버지를 주신 하나님께 깊이 감사드렸다. 우리 주변에는 마땅히 감사해야 할 사항이 너무나 많다. 하지만 기록하지 않는다면 기억하지 못한다. 감사노트를 작성하면 그 가운데 일부라도 기억하게 된다. 몇 주 전 어린 자녀들이 있는 젊은 엄마에게 감사노트에 대해 얘기한 적이 있다. 그날 밤 그 엄마는 자녀들에게 그 얘기를 해주면서 그날을 돌아보며 감사할 것을 하나님께 말씀드리라고 했다고 한다. 한 아이는 새로운 장난감을 받아서 감사한다고 했다. 몇 년 전에는 어느 90세 할머니에게 감사노트를 써 보라고 권유했다. 그녀는 평생을 돌아보며 처음으로 90가지의 감사거리를 작성했다.

감사일기는 나의 평생 선교 사역과 경건 생활의 원천이었다. 아이든 노인이든 누구나 찾아보기만 하면 날마다 감사할 거리를 찾을 수 있고 또 하나님께 감사드릴 수 있다. 당신도 이제부터 감사일기를 쓰는 습관을 기르길 바란다.

2019년 11월 **캐롤**

새해를 여는 신년 감사

한 해를 돌아보며 하나님께 감사의 편지를 쓰거나 기도 제목을 씁니다.

너희는 먼저 그의 나라와 그의 의를 구하라

그리하면 이 모든 것을 너희에게 더하시리라 _마태복음 6:33

JANUARY _01

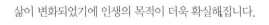

변화

성경 인물들의 이야기에서 가장 주목해서 보아야할 할 특징은 변화입니다.

그들은 사건에 직면하고, 타인과 만나고, 하나님을 만나면서 삶이 바뀌었습니다.

삶이 변화되었기에 인생의 목적이 더욱 확실해집니다.

그들은 한결 높은 수준의 자유를 얻었고 자기 삶의 의미를 발견했습니다.

DAY
2

DAY
3

DAY
4

DAY
5

DAY
6

사람이 얼마나 행복한가는 그의 감사함의 깊이에 달려 있다. _존 밀러

DAY 7

DAY 8

DAY 9

DAY 10

DAY 11

DAY
12

DAY
13

DAY
14

DAY
15

DAY
16

감사함을 표현하는 마음은 선을 베푸는 마음만큼이나 아름다운 것이다. _세네카

DAY 17

DAY 18

DAY 19

DAY 20

DAY 21

DAY 22

DAY 23

DAY 24

DAY 25

DAY 26

오늘 나는 행복한 사람이 되 것을 선택하겠다. 나는 어떤 상황에서도 나의 삶에 감사하겠다. _안네 프랑크

DAY 27

DAY 28

DAY 29

DAY 30

DAY 31

FEBRUARY _02

_____

_____

_____

하나님의 뜻

모든 사람은_믿지 않는 사람까지도_마음속에 하나님의 뜻에 대한 개념을 가지고 있습니다.

물론 신앙이 없는 사람은 그것을 하나님의 뜻이라고 표현하지 않을 것입니다.

하지만 사과나무가 배가 아닌 사과 열매를 맺는 것이

하나님의 뜻인 것처럼,

인생은 책임감이 따르는 선물이라는

개념을 모두가 가지고 있습니다.

하나님을 알든 모르든,

이 하나님께서 우리에게 매우 분명하게

기대하시는 것이 있다는 것을 압니다.

감사는 영적 건강의 좌표이다. _데메츠

DAY 2

DAY 3

DAY 4

DAY 5

DAY 6

DAY 7

DAY 8

DAY 9

DAY 10

DAY 11

범사에 감사할 때, 절망은 희망으로 불행은 기쁨으로 바뀔 것이다. _이어령

DAY 12

DAY 13

DAY 14

DAY 15

DAY 16

DAY 17

DAY 18

DAY 19

DAY 20

DAY 21

하나님에 대한 우리의 지식은 감사에 의해 완전해진다. _토마스 머튼

DAY
22

DAY
23

DAY
24

DAY
25

DAY
26

DAY 27

DAY 28

DAY 29

MARCH _03

DAY 1

다양성

자연이 우리에게 보여 주는 것처럼, 하나님은 다양성을 좋아하시는 분입니다.

그분은 수백만의 동식물을 서로 다르게 만드셨고,

사람을 만드실 때도 믿지 못할 정도로 다양하게 만드셨습니다.

그래서 모든 사람이 하나님께 더없이 소중하며,

각 사람은 고유의 성격과 독특한 재능을 가지고 있는 것입니다.

DAY 2

DAY 3

DAY 4

DAY 5

DAY 6

유난히 눈부시고 파란 하늘을 보게 해주셔서 감사합니다. _오프라 윈프리

**DAY
7**

**DAY
8**

**DAY
9**

**DAY
10**

**DAY
11**

DAY 12

DAY 13

DAY 14

DAY 15

DAY 16

더 자주 감사하고 더 많은 사람들을 용서할 때 우리의 지성은 발전한다. _마시 시모프

DAY 17

DAY 18

DAY 19

DAY 20

DAY 21

DAY 22

DAY 23

DAY 24

DAY 25

DAY 26

믿는 자와 불신자의 차이는 바로 감사의 있고 없음의 차이다. _칼 바르트

DAY 27

DAY 28

DAY 29

DAY 30

DAY 31

성공과 실패

성공에는 그 나름의 의미가 있습니다.

하지만 실패에도 나름의 의미가 있고 어쩌면 성공보다 깊은 의미가 있습니다.

실패도 의미가 있는 것은 그것이 합력하여 하나님의 뜻을 이루기 때문입니다.

감사함으로 세상은 더욱 아름다워진다. _레오 버스카글리아

DAY
2

DAY
3

DAY
4

DAY
5

DAY
6

DAY
7

DAY
8

DAY
9

DAY
10

DAY
11

가장 감사해야 할 것은 신이 주신 능력을 제대로 이용하는 것이다. _트릴로프

DAY 12

DAY 13

DAY 14

DAY 15

DAY 16

DAY
17

DAY
18

DAY
19

DAY
20

DAY
21

이루어가고 넘어지고 만나러 가는 그 모든 과정이 감사합니다. _고도원

DAY
22

DAY
23

DAY
24

DAY
25

DAY
26

DAY
27

DAY
28

DAY
29

DAY
30

MAY _05

인생의 의미

우리가 발견해야 하는 것은 인생의 참의미입니다.

권위에 순종하며 학업에 힘쓰는 것이 유년기의 법칙이고,

자주적으로 선택하고 행동하는 것이 성인기의 법칙인 것처럼,

인생의 참의미를 찾는 것은 노년기의 법칙입니다.

DAY 2

DAY 3

DAY 4

DAY 5

DAY 6

이 모든 상황에서도 감사할 수 있다면 삶은 진정으로 변하기 시작한다. _닐르 C. 넬슨

DAY 7

DAY 8

DAY 9

DAY 10

DAY 11

DAY 12

DAY 13

DAY 14

DAY 15

DAY 16

착한 사람이란 자신의 죄는 언제나 잊지 않고 자신의 선행은 곧 잊어버리는 사람이다. _톨스토이

DAY 17

DAY 18

DAY 19

DAY 20

DAY 21

**DAY
22**

**DAY
23**

**DAY
24**

**DAY
25**

**DAY
26**

남에게 선행을 베풀 때, 그 사람은 스스로에게 최선을 다하고 있는 것이다. _벤자민 프랭클린

**DAY
27**

**DAY
28**

**DAY
29**

**DAY
30**

**DAY
31**

JUNE _06

DAY
1

_____

_____

_____

인생의 풍요

인생의 풍요는 우표 수집첩처럼 한없이 사건을 나열하는 데 있는 것이 아닙니다.

오히려 인생의 부요는 새로운 방향으로 전환되는 결정적인 선택의 순간에 있습니다.

그것은 그 특정 순간에 자신의 입장을 결정하고 헌신하는 선택을 했기 때문입니다.

헌신할 때 한 사람의 인격이 만들어집니다. 헌신할 때 자신의 인간성이 나타나게 됩니다.

감사는 결코 졸업이 없는 과정이다. _발레리 앤더스

DAY 2

DAY 3

DAY 4

DAY 5

DAY 6

DAY 7

DAY 8

DAY 9

DAY 10

DAY 11

감사의 마음은 얼굴을 아름답게 만드는 훌륭한 끝손질이다. _T. 파커

DAY 12

DAY 13

DAY 14

DAY 15

DAY 16

DAY 17

DAY 18

DAY 19

DAY 20

DAY 21

시련이 아무리 크더라도, 구원받은 모든 죄인들은 감사할 이유를 언제나 발견할 수 있다. _빌립 E. 하워드

DAY 22

DAY 23

DAY 24

DAY 25

DAY 26

DAY
27

DAY
28

DAY
29

DAY
30

DAY 1

하나님과의 만남

살아계신 하나님과의 만남은 인간이 경험할 수 있는

가장 위대한 사건이며 최고의 인간 경험입니다.

이러한 만남이 일어나는 상황이나 형식은 무한히 다양할 수 있습니다.

하지만 이 만남은 예상 밖의 일이기에,

항상 하나님께서 주도권을 쥐고 행하시는 일임을 확신하지 않을 수 없습니다.

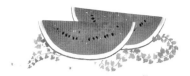

**DAY
2**

**DAY
3**

**DAY
4**

**DAY
5**

**DAY
6**

인간이 범하는 가장 큰 죄는 감사할 줄 모르는 것이다. _세르반

DAY 7

DAY 8

DAY 9

DAY 10

DAY 11

DAY 12

DAY 13

DAY 14

DAY 15

DAY 16

가장 축복 받는 사람이 되려면 가장 감사하는 사람이 되라. _C. 쿨리지

DAY 17

DAY 18

DAY 19

DAY 20

DAY 21

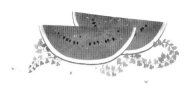

DAY 22

DAY 23

DAY 24

DAY 25

DAY 26

이 세상에서 가장 부유한 사람은 누구인가? 자기가 가진 것에 만족하고 감사하는 사람이다. _탈무드

DAY 27

DAY 28

DAY 29

DAY 30

DAY 31

AUGUST _08

_____

_____

_____

고난

고난은 타인과 하나님을 만나는 기회가 될 수도 있지만,

도저히 넘을 수 없는 소외의 장벽처럼 다가올 수도 있습니다.

성경의 모든 장은 고난을 품고 살아가는 길을 보여 줍니다.

우리는 고난 앞에서 어떻게 반응하느냐에 따라 그 결과가 전혀 달라집니다.

고난 앞에서 의탁함으로 자유를 누리기도 하고

반항함으로 파괴적인 결과를 맞기도 합니다.

우리가 가진 바 때문에 감사하는 것이 아니요, 우리의 되어진 바로 인해 감사한다. _헬렌 켈러

DAY 2

DAY 3

DAY 4

DAY 5

DAY 6

DAY 7

DAY 8

DAY 9

DAY 10

DAY 11

평범한 삶에 대해 감사하는 자세는 하나님께 드리는 최고의 감사기도이다. _버이킷

DAY 12

DAY 13

DAY 14

DAY 15

DAY 16

DAY 17

DAY 18

DAY 19

DAY 20

DAY 21

감사의 힘은 전혀 새롭지 않는 일상을 새롭게. 해석해 즐겁게 누릴 수 있는 능력이다. _필립 와킨스

DAY 22

DAY 23

DAY 24

DAY 25

DAY 26

DAY 27

DAY 28

DAY 29

DAY 30

DAY 31

SEPTEMBER _09

DAY
1

습관

살아계신 하나님과의 만남은 인간이 경험할 수 있는

가장 위대한 사건이며 최고의 인간 경험입니다.

이러한 만남이 일어나는 상황이나 형식은 무한히 다양할 수 있습니다.

하지만 이 만남은 예상 밖의 일이기에,

항상 하나님께서 주도권을 쥐고 행하시는 일임을 확신하지 않을 수 없습니다.

DAY 2

DAY 3

DAY 4

DAY 5

DAY 6

감사를 느끼는 사람은 삶 속에 사랑의 원천이 들어 있다는 사실을 인정하게 된다. _이먼스

DAY 7

DAY 8

DAY 9

DAY 10

DAY 11

DAY 12

DAY 13

DAY 14

DAY 15

DAY 16

일상 속의 소소한 즐거움들을 음미하는 능력, 순간에 감사하는 마음은 저절로 얻어지지 않는다. _칼 필레머

DAY 17

DAY 18

DAY 19

DAY 20

DAY 21

DAY 22

DAY 23

DAY 24

DAY 25

DAY 26

감사 충만이 성령 충만이다. _D. L. 무디

DAY 27

DAY 28

DAY 29

DAY 30

OCTOBER _10

DAY

1

_____

_____

_____

저항과 포기

아브라함과 모세에서부터 야곱, 예레미야, 베드로, 바울에 이르는

성경의 위대한 인물들도 하나같이 갈등으로 점철된 삶을 보여 줍니다.

그들은 하늘에 저항합니다. 지나치게 많은 것을

요구하시는 듯한 하나님께 고분고분하지 않습니다.

그러면서도 하나님과 화해하는 모습을 보여 줍니다.

하나님은 곧바로 포기하는 이들보다는

그분과 맞붙어 싸우려는 이들을 사랑하십니다!

위대한 성자는 기도, 금식, 자선을 많이 한 사람이 아니라, 범사에 감사하는 사람이다. _윌리엄 로워

DAY 2

....

....

....

DAY 3

....

....

....

DAY 4

....

....

....

DAY 5

....

....

....

DAY 6

....

....

....

DAY 7

DAY 8

DAY 9

DAY 10

DAY 11

살아있는 것에 감사하라. 헤아릴 수 없이 많은 기쁨들에 감사하라. _말콤 캠벨

DAY 12

DAY 13

DAY 14

DAY 15

DAY 16

DAY 17

DAY 18

DAY 19

DAY 20

DAY 21

감사는 강력한 힘이다. 그것은 아침식사를 하듯 스트레스를 먹어 치운다. _케러스 퍼트

DAY 22

DAY 23

DAY 24

DAY 25

DAY 26

DAY
27

DAY
28

DAY
29

DAY
30

DAY
31

NOVEMBER _11

DAY
1

변함없는 하나님

인간 고유의 경험이란 자기 인생의 의미를 찾아내서 자신의 온 삶을

그 의미에 따르게 하려는 절막한 필요를 말합니다.

이 필요와 내적 갈망은 하나님에게서 온 것입니다.

인간이 만든 어떤 이념이나 교리나 가르침도 모두 시들어 버립니다.

어떤 이상도 결국 낡아 버립니다. 오직 살아계신 하나님만 변함없으십니다.

DAY 2

DAY 3

DAY 4

DAY 5

DAY 6

어느 누구도, 어떤 상황에서도 사람으로부터 감사를 빼앗아 갈 수 없다. _빅터 프랭클

DAY 7

DAY 8

DAY 9

DAY 10

DAY 11

DAY 12

DAY 13

DAY 14

DAY 15

DAY 16

감사는 크리스천의 기본자세이다. _마틴 루터 킹

DAY 17

DAY 18

DAY 19

DAY 20

DAY 21

DAY 22

DAY 23

DAY 24

DAY 25

DAY 26

감사는 아주 아픈 기억을 큰 기쁨으로 바꿔 놓는다. _본회퍼

DAY 27

DAY 28

DAY 29

DAY 30

DECEMBER _12

_____

_____

_____

하나님의 형상

인간은 자연의 일부이기에 자연의 법칙과 힘의 지배를 받습니다.

그렇지만 인간은 "하나님의형상대로" 지음 받았다는 점에서,

다시 말해 자연적인 존재이자 정적인 존재로 만들어 졌다는 점에서 동물과 확연히 구별됩니다.

감사만이 누구도 다치지 않고 걸어가는 향기나는 꽃길입니다. _이해인 수녀

DAY 2

DAY 3

DAY 4

DAY 5

DAY 6

DAY 7

DAY 8

DAY 9

DAY 10

DAY 11

이래도 감사, 저래도 감사, 그래도 감사하자. _고도원

DAY 12

DAY 13

DAY 14

DAY 15

DAY 16

DAY
17

DAY
18

DAY
19

DAY
20

DAY
21

무력으로 얻은 재산은 지속되지 않지만 은혜에 대한 감사는 영원하다. _Q. C. 루프스

DAY 22

DAY 23

DAY 24

DAY 25

DAY 26

DAY
27

DAY
28

DAY
29

DAY
30

DAY
31

나이 감사 노트, 이렇게 사용하세요!

- 한 해를 돌아보며 자신의 나이 수만큼 감사의 제목을 기록합니다.
- 다음 해에는 전년과 다른 감사 제목을 반 이상 기록합니다.
- 추수감사절에 교회에서 함께 기록하고 나누면 공동체에 생명력과 사랑이 넘치게 됩니다.
- 하나님과의 관계, 가정과 가정에서, 일터에서, 사람들과의 관계 등의 각 부분에서 구체적으로 기록합니다.

매년 자신의 생일이나 추수 감사절, 혹은 수련회 등
특별한 날에 감사의 제목을 기록합니다.

☕ 감사의 제목

엮은이 **캐롤 핀들리**_ Carol Findlay

캐롤(한국명 배찬미) 선교사는 1957년 미국 미시건 주에서 태어났다.
1984년 OMF 선교사로 한국에서 활동하기 시작했으며, 현재는 북
한 기도 자료 사역을 감당하고 있다. 35년 동안의 한국에서 선교사
역을 뒤로하고 머지않아 낯선 고향 미시건 주로 돌아갈(은퇴) 예정
이다.

365일 감사 노트

초판 1쇄 인쇄 2019 11월 27일
초판 5쇄 발행 2024 1월 15일

엮은이 캐롤 선교사
펴낸이 정선숙
펴낸곳 협동조합 아바서원
등록 제274251-0007344
주소 경기도 고양시 덕양구 삼원로 51 원흥줌하이필드 606호
전화 02-388-7944 **팩스** 02-389-7944
이메일 abbabooks@hanmail.net

ⓒ 협동조합 아바서원, 2019

ISBN 979-11-85066-77-6(03230)

● 잘못 만들어진 책은 구입한 곳에서 교환해 드립니다.